DU SYSTÈME

DE

M. DE VILLÈLE.

A PARIS,

CHEZ LES MARCHANDS DE NOUVEAUTÉS.

1825.

DU SYSTÈME

DE

M. DE VILLÈLE.

M. de Villèle, en entrant au ministère, n'a pas cessé d'être le chef de son parti; il a continué à lui donner l'impulsion et à diriger sa conduite. C'était un premier avantage sur la plupart des ministères précédens, esclaves plus ou moins dociles des coteries dans le sein desquelles ils s'étaient formés. Un second avantage se joignait au premier : c'était la force du parti. Elle était relativement supérieure à la force de tous les autres. Toutefois elle ne suffisait point pour assurer l'existence et la durée du ministère; car aucun parti en France ne pouvait compter assez sur lui-même, pour espérer de résister aux efforts réunis de toutes les opinions contraires.

Il a donc fallu que M. de Villèle cherchât, hors de son parti, un supplément de force qui lui assurât la supériorité sur la ligne formée contre lui. Nous dirons bientôt où il a puisé cette puissance auxiliaire : contentons-nous de remarquer maintenant qu'il a su la trouver, et qu'en considérant le ministère, dans l'état actuel, on y voit une administration royaliste soutenue par tous les hommes dévoués à la monarchie, et combattue par une double opposition dont les rangs se forment de ce qu'on appelait autrefois les *libéraux* des *royalistes* en petit nombre, qui ne veulent pas calculer qu'il y a plus de trente ans d'intervalle entre 1788 et 1825; et enfin de quelques hommes qui, réunissant à beaucoup de mérite beaucoup d'ambition, ne trouveront rien de bien tant qu'ils ne seront pas à la place de M. de Villèle.

Les deux oppositions sentent la force du ministère, sans peut-être se rendre compte à elles-mêmes de ce sentiment. Aussi, elles se gardent bien d'attaquer son système général; elles voient qu'il ne peut être vulnérable que dans les détails; c'est donc aux détails qu'elles s'attachent, et plus ils sont frivoles, plus les déclamations sont violentes. A défaut d'autres griefs, on dissèque les phrases que prononcent les ministres; et si l'on y découvre une faute contre *Vaugelas*, on les accuse de haute trahison; on leur prête au besoin des propos ridicules, et l'on crie au scandale. Les écrivains ministériels ont suivi leurs adversaires sur ce terrain; ils y ont été souvent battus, cela était facile à prévoir. D'abord, les rieurs sont toujours, en France, du côté des assaillans; et, en outre, le hasard a voulu que le chef de l'une des oppositions fût l'écrivain le plus habile de notre époque. Si les amis de M. de Villèle, au lieu de s'engager dans cette petite lutte de quolibets et d'épigrammes, avaient laissé leurs adversaires exhaler leurs douleurs et leurs ressentimens, tout se serait bientôt calmé, et les plus fougueux eux-mêmes, épuisés par d'inutiles efforts, reconnaissant qu'ils n'inspiraient d'intérêt à personne, et ne se rattachaient à rien; les plus fougueux, nous le disons avec conviction, se seraient tout doucement apaisés, et, après quelques jours de trève, auraient essayé de traiter avec l'ennemi. Cette opinion n'est point hasardée : une assez longue expérience nous autorise à mettre quelque confiance dans nos calculs.

Au surplus, on se fait nne fausse idée de la force que l'une et l'autre opposition trouvent dans le talent de quelques écrivains; on s'est imaginé long-temps que les journaux et les écrits politiques avaient une grande influence. Il est incontestable que dans les premières années qui ont suivi la restauration, la société, brusquement enlevée au régime militaire et placée sous le régime pacifique et représentatif, a éprouvé une agitation vive ; que, dans cet état de fermentation, il y a eu des chances de succès pour des écrits dictés par des passions violentes; mais peu à peu les têtes se sont refroidies, l'ordre s'est rétabli, les rangs se sont formés, la société a été reconstituée; dès-lors ces publications ont commencé à décroître dans l'opinion; chacun s'est aperçu que le seul résultat positif de ces pamphlets était d'enrichir, aux dépens des lecteurs bénévoles, les écrivains spéculateurs, et chacun, par un retour bien naturel, a compris que ni son intérêt personnel, ni l'intérêt général, n'avaient aucun rapport avec les déclamations quotidiennes et semi-périodiques, que la masse ni les individus ne pouvaient y puiser aucun avantage, aucune garantie, et le règne des brochures a été fini : il n'a fallu qu'un jour et qu'un mot pour réduire au silence ces hommes qui prophétisaient qu'au moment où ils cesseraient de parler et d'écrire, la France serait perdue.

L'importance de ce fait n'a pas échappé au ministère; il a vu l'opposition libérale se débattre dans une douloureuse agonie; il a assisté à sa mort sans l'avoir provoquée : c'est l'opinion, et ici ce mot a un sens, qui lui a porté le coup mortel.

Dès ce moment, il fut prouvé que les doctrines renouvelées de 1789 n'étaient pas la véritable opinion de la France, et que ses besoins ne consistaient pas à lire des brochures.

D'un autre côté, on commençait à remarquer que l'industrie prenait d'immenses développemens, que le sentiment général était le désir de l'aisance acquise par le travail, que ce vœu universel était déjà porté à un tel degré d'énergie qu'il avait modifié les mœurs, anéanti les préjugés, changé les habitudes et les goûts; qu'on le retrouvait dans les classes les plus élevées de la société comme dans ses derniers rangs, dans tous les partis politiques et dans toutes les sectes religieuses, dans les campagnes comme au sein des villes. Ce point capital une fois établi, il fallait en faire la base d'un système et regarder désormais comme accessoires les idées et les influences dont, jusqu'alors, on s'était principalement occupé. Telle a dû être la pensée de M. de Villèle; il n'a pris son véritable point d'appui dans aucun des partis existans; la leçon que lui offrait le sort de ses devanciers n'a pas été perdue pour son esprit observateur et positif; il a trouvé une opinion puissante, puisqu'elle ralliait les hommes de toutes les opinions; il s'en est emparé, il en a secondé les développemens, et il a fondé sur elle une administration forte, parce qu'elle est l'alliance de la prospérité publique et des intérêts individuels, parce qu'elle est l'expression exacte des besoins de la société.

Les obstacles mêmes qu'a rencontrés le ministère, et qui, sans doute, lui ont causé des embarras momentanés, en révélant le secret de sa force, auraient dû décourager ceux de ses ennemis qui ont quelque habileté et assez de sang-froid pour juger sainement leur position. Qu'on jette un coup-d'œil sur tous les ministres qui ont apparu au milieu de nous depuis dix années ; on y trouvera successivement tous les genres de capacités. Qui, plus que M. de Talleyrand, a l'habitude des affaires et la connaissance des hommes ? Où trouvera-t-on plus de droiture et de loyauté que dans M. de Richelieu ? M. Laîné joignait à une grande sévérité de principes, à de vastes connaissances, l'amour plus vrai de son pays et le don si puissant d'une éloquence chaleureuse et communicative. Une grande force de dialectique, une merveilleuse facilité, distinguaient M. de Serre. M. Pasquier a su mieux que personne trouver des ressources et se plier aux circonstances. M. Roy passait pour un très habile financier. M. Decazes avait de la grâce et de le facilité. Cependant aucun de ces ministères n'a vécu deux années (1) ; chacun d'eux por-

---

(1) M. Decazes n'a pas réellement dirigé les affaires plus de deux années.

tait en lui-même un germe de dissolution telle-
ment évident, que les yeux les moins clairvoyans
en étaient frappés. Depuis quatre ans, M. de
Villèle est à la tête des affaires ; il a traversé les
circonstances les plus graves : une guerre a été
entreprise, des dépenses extraordinaires ont
été nécessaires, deux oppositions ont réuni
leurs efforts contre son administration et sa
personne ; il a rencontré des adversaires parmi
ses collègues ; une loi importante a été rejetée
par la chambre haute, et son crédit n'a point été
ébranlé : ni le hasard, ni les talens personnels de
M. de Villèle ne suffisent pour expliquer son
succès. La différence entre son ministère et ceux
qui l'ont précédé, c'est qu'il a un but certain,
un système fondé sur les besoins de la nation,
tandis que tout cela a manqué à ses prédéces-
seurs. Aussi une atteinte qui suffisait pour ren-
verser ceux-ci, est à peine ressentie par le ministère actuel.

Après avoir essayé de montrer où réside la
force de M. de Villèle, examinons les principaux
actes de son administration.

L'établissement de la septennalité était une
condition nécessaire du gouvernement représentatif. Jamais le ministère n'a donné une plus
forte preuve de son adhésion franche à ce système, qu'en présentant une mesure sans laquelle

il ne pouvait porter ses fruits. L'opposition ,
en combattant cette loi, n'a pas montré son énergie accoutumée ; elle semblait honteuse d'attaquer ce qu'elle demandait en 1818 , et la dialectique de ses plus brillans orateurs n'a pas osé attaquer de front une proposition à laquelle ils ne pouvaient reprocher que d'émaner de M. de Villèle.
Les membres actuels du ministère ne doivent
pas seuls , il est vrai, s'attribuer le mérite de cette
loi ; M. de Châteaubriand a droit d'en revendi-
quer sa part , et je pense que ses anciens collègues verraient avec peine qu'on la lui disputât.
Les élections ont excité de vives clameurs. A
notre avis, le ministère de cette époque doit être
accusé de maladresse , de faiblesse même ; mais
peut-être faut-il imputer à sa composition l'hé-
sitation de sa conduite et l'inopportunité de ses
mesures. Au surplus, personne n'est aujourd'hui
la dupe de l'exagération des plaintes et de l'a-
dresse des reproches; et l'on sait comment les
faits ont été constatés, lorsqu'on a demandé la
preuve des allégations. Enfin l'on ne comprend
pas comment des moyens aussi criminels auraient
pu produire de pareils résultats; et comment une
chambre composée des hommes les plus hono-
rables dans toutes les opinions, serait le fruit
d'élections dirigées par l'intrigue et par la violence...

La guerre d'Espagne est un événement im-
mense. On n'a pas craint de blâmer le ministre
qui a hésité avant d'exposer les trésors et le sang
de la France. Une conduite opposée eût excité
des reproches plus violens et réellement plus
justes. A en croire certains hommes , M. de Villèle aurait dû vouloir la guerre comme un jeune
officier de hussards.

Le ministère ne s'attribue point sans doute les
résultats heureux de la campagne. Ils sont dus au
courage de nos soldats , à l'habileté, à la vertu
de leur auguste chef. Qu'après un si beau succès l'Espagne soit encore dans un état peu ras-
surant , c'est un malheur que ne pouvaient ni
prévenir, ni réparer la force jointe à la modération , la prudence unie au courage. Le prince
et son armée ont soumis le pays ; mais ils n'ont
pu éteindre les haines de parti et la soif de la
vengeance chez un peuple fanatique. L'ordon-
nance d'Andujar a échoué contre des passions
furieuses excitées par des intrigues connues quoi-
que cachées , et c'est là un chef d'accusation
contre M. de Villèle ! Hommes des anciens
temps , qu'est devenue votre vieille loyauté ?
Êtes-vous prêts à jurer *votre foi* que le ministère
est coupable, parce que les royalistes et les *com-
muneros* conservent les uns contre les autres ce
ressentiment profond trait distinctif du caractère
pagnol.

Remarquons toutefois que cette guerre a eu un caractère de modération tout particulier, qu'elle a été faite comme il convient à une époque où l'on comprend de quel prix est la vie des hommes ; qu'enfin on a combattu pour pacifier et non pour vaincre. C'est là un mérite dont l'ineptie ou la passion peuvent seules repousser l'évidence.

Une loi financière, fondée sur les principes qui doivent aujourd'hui diriger toute bonne administration, a été présentée par M. de Villèle dans la session dernière. Adoptée par la chambre des députés, elle a été rejetée par la chambre des pairs. Les deux oppositions ont poussé des cris d'allégresse ; elles ont cru que le ministère serait renversé par ce coup. Mais M. de Villèle a bien jugé sa position. La majorité qui se manifestait dans la chambre des pairs, ne lui a paru qu'une réunion accidentelle d'élémens essentiellement hétérogènes; il a vu au fond de chaque vote des motifs différens et souvent contradictoires ; il a pu vérifier que sa loi n'avait pas été comprise, et il a dû conclure que, plus tard, les esprits familiarisés avec les idées et les faits sur lesquels repose notre système financier, solliciteraient ce qu'ils avaient repoussé. M. de Villèle a donc conservé, avec la direction des affaires, la pensée de faire adopter la loi ; s'il y

eût rénoncé, il aurait prouvé qu'il ne l'avait pas
comprise lui - même. Cette loi est une néces-
sité : un peu plus tôt, un peu plus tard, elle
triomphera des inimitiés aveugles, comme des
faux calculs, des combinaisons de l'intérêt personnel comme des mouvemens d'une sensibilité
exaltée.

Il serait superflu aujourd'hui de combattre les
argumens et les considérations qu'ont fait valoir
les adversaires de la réduction. Tant de déclamations n'ont point faussé l'esprit public; et les
hommes impartiaux, que des raisons spécieuses
avaient trompés d'abord, préviennent maintenant le reproche de mauvaise foi par l'aveu de
leur erreur. S'il est des amours-propres moins
sincères, ils sont peu redoutables. L'opposition
de gauche, qui a déployé tout son savoir en chif-
fres et toute son éloquence contre une mesure
essentiellement favorable au travail, à l'agricul-
ture, au commerce, dont elle a prétendu jusqu'ici
défendre les intérêts, ne renouvellera pas, il faut
le croire pour son honneur, le scandale qu'elle
a donné à tous ceux qui ont quelques notions
d'économie politique. Elle a laissé échapper
une belle occasion de faire preuve de capacité
et d'un amour sincère de son pays. Sans doute
comprendra qu'il vaut mieux réparer la faute
que d'y persister par une puérile opiniâtreté.

Voilà en quelques mots l'analyse des actes du ministère, et en les examinant de bonne foi et de sang-froid, on reconnaît que les obstacles qu'il a eus à surmonter sont devenus de nouveaux points d'appui; que ses revers même ont accru ses forces : encore une victoire à ses adversaires, et ils seront hors d'état de continuer la lutte. Cette manière d'exprimer notre pensée n'est point une exagération. L'opinion ministérielle a rallié tant d'opinions aujourd'hui, qu'il n'est plus de parti où il fût possible de composer un autre ministère qui eût quelques chances de stabilité. Si l'on ne savait pas que l'ambition rend aveugle, on s'étonnerait de voir des hommes, qui ne sont pas sans mérite, s'agiter seuls au milieu d'une nation qui ne les voit pas, et s'abuser aussi étrangement sur leur importance. Comment, en effet, peuvent-ils se faire illusion sur les moyens auxquels ils sont contraints de recourir pour suppléer à leur faiblesse. Les *libéraux* s'unissent à l'extrême droite contre ce qu'ils appellent l'ennemi commun, non pas dans l'espérance de voir, après la chute de celui-ci, la direction des affaires tomber entre leurs mains, mais dans la confiance que leurs nouveaux *amis*, s'emparant du pouvoir, en abuseraient avec assez de violence et d'absurdité pour amener un bouleversement qui leur offri-

rait peut-être quelques chances favorables. L'extrême droite sait quelle est l'intention de ses
alliés; elle leur suppose même des projets ulté-
rieurs pires que ceux qu'ils ont réellement. Cependant elle accepte l'alliance, et conclut avec
eux le *pacte d'iniquité.* Combinaison admirable,
qui, plus que tous les raisonnemens et tous les
faits, indique à la France et au monarque quelle
serait la force et la durée d'un ministère choisi
dans l'opposition.

Si nous n'éprouvions trop de répugnance à
descendre de ces considérations générales à des
personnalités, nous ferions voir que l'examen des
individus et l'examen des systèmes conduisent à
des résultats analogues. Nous nous bornerons à
remarquer que si, parmi les aspirans au ministère,
il en est qui brillent par l'éclat des talens et des
vertus privées, aucun, ou par l'exercice du pouvoir ou par sa conduite, n'a inspiré à la France
cette confiance indispensable à celui qui aspire
à gouverner. En arrivant au timon de l'état,
il faut du moins y apporter l'espérance. Il
ne suffit donc pas d'une belle imagination,
d'une piété vive, d'une brillante réputation de
salon; il ne suffit pas même de dire comme
quelques-uns : *régner, c'est vouloir;* car la volonté n'est pas l'opiniâtreté et la colère. Dans
notre siècle calculateur, on ne réussit plus par

les passions et par les théories ; il faut guider les peuples par le lien tout puissant des intérêts.

On sait d'ailleurs qu'il n'y a pas identité de principes entre les concurrens. Ils ne sont pas encore à l'ouvrage, et déjà la confusion des langues s'est introduite parmi eux. Qu'on les charge isolément de former un ministère, et chacun, après s'être désigné lui-même, ne saura où choisir ses collègues. Ce n'est pas là une allégation sans garantie, tout le monde connaît la scène à laquelle nous faisons allusion.

Certes, M. de Villèle doit trouver notre langage assez favorable à lui et à son système pour penser que nos reproches seraient l'expression de la franchise et de la méditation ; et qu'il ne pense pas qu'il fût difficile de lui en adresser plusieurs : nous pourrions lui dire, par exemple, qu'il a poursuivi trop souvent par l'esprit et par la finesse ce qu'il pouvait atteindre avec la franchise et le bon sens ; qu'il a souffert que l'administration dont il est le chef se montrât petite et quelquefois peu morale ; qu'enfin, il n'a pas su imprimer à toutes les parties du gouvernement un mouvement uniforme et régulier. Pour être juste, il faut ajouter cependant que, mal compris par ceux qui l'entouraient, il a été mal servi dans les détails, qu'il a dû nécessairement négliger pour organiser les principaux rouages de son système.

En résumé, de toutes les forces qui se combinent dans le corps social, la force financière est aujourd'hui la plus active et la plus puissante, non-seulement en France, mais en Europe. Ce fait n'est le résultat ni du hasard, ni de la volonté des souverains, ni de l'opinion des peuples; c'est une conséquence nécessaire des progrès successifs de l'industrie, des arts et du commerce. Tous les besoins, toutes les opinions factices qui, durant quelques jours, ont fait illusion aux meilleurs esprits, ne trompent aujourd'hui personne. Le cours de la bourse, le prix des denrées, les productions du sol, les travaux des manufactures attirent bien autrement l'attention que la question de la *souveraineté du peuple*, discutée *à priori*, les distinctions entre les lois *préventives* et *répressives*, et les digressions sur les *droits de l'homme en société*. Le *journalisme* ne peut rien sur un peuple occupé de travaux utiles et de combinaisons positives.

M. de Villèle a bien saisi cet esprit de notre époque, et tout son talent consiste à s'y conformer : tant qu'il suivra cette ligne, il y a pour lui toutes chances de succès; s'il s'en écarte, ni la force de tête qu'on lui attribue, ni l'adresse d'esprit dont on l'accuse, ne pourraient le sauver d'une chute. Il n'est pas présumable que, de propos délibéré, il veuille compromettre son existence politique. Toutefois il doit se tenir en garde contre des esprits ardens et d'autant plus habiles qu'ils se vantent de ne pas l'être; il doit démasquer l'intérêt privé se cachant sous les couleurs patriotiques d'un amour sans bornes pour le pays et pour la monarchie; il doit déjouer l'intrigue s'insinuant sous toutes les formes, et qui tantôt montre la religion intéressée au renvoi du ministre des finances, tantôt s'attribue exclusivement les sentimens d'amour et de respect pour la dynastie de nos Rois. Il ne doit enfin négliger aucune précaution pour consolider l'œuvre qu'il a commencée. La société a besoin de repos : si elle était de nouveau lancée dans les incertitudes et les oscillations, on ne peut prévoir où elle

IMPRIMERIE ANTHELME BOUCHER, RUE DES BONS-ENFANS, n° 34.